AF551081

MADAGASKAR

Günter Lenz
MADAGASKAR
Insel der Lemuren
Tecklenborg

Inhalt

KOMOREN
Antsiranana
Montagne d'Ambre NP
Ankarana NP
Nosy Be
Nosy Komba
Ankify
2876 m
Marojejy NP
Maroantsetra
Masoala NP
Nosy Mangabe
Antongil Bay
Mahajanga
Sainte Marie
MADAGASKAR
Toamasina
Mantadia NP
Akanin'ny Nofy
Tsingy de Bemaraha NP
Antananarivo
Manambato
Bekopaka
Moromanga
Périnet NP
Miandrivazo
2642 m
Belo Tsiribihina
Ankaratra
Antsirabe
Kirindy Private Forest
Morondava
Ambositra
Canal
des
Pangalanes
Indischer Ozean
Fianarantsoa
Ranomafana
Ambalavao
Isalo NP
2658 m
Manakara
Ihosy
Andringitra
Ranohira
Ifaty
Toliara
Nahaimpoina
Berenty Reserve
Tôlanaro
Ambovombe
200 km
MADAGASKAR

Vorwort

Haben Sie auch schon einmal jemanden, über den Sie sich geärgert haben, dorthin gewünscht, wo der Pfeffer wächst? Die Heimat des Pfeffers liegt vor der Ostküste Afrikas.
Madagaskar, die viertgrößte Insel der Erde hat jedoch noch sehr viel mehr zu bieten als exotische Gewürze. Heute gilt das Land, wo der Pfeffer wächst, für Reisende aus der ganzen Welt als absolutes Traumziel.
Auch mich hat der Inselkontinent im Indischen Ozean seit vielen Jahren in seinen Bann gezogen. Vor allem die Flora und Fauna Madagaskars sind einzigartig. Seit sich das Eiland vor etwa 165 Millionen Jahren vom afrikanischen Kontinent losriss, ging die Evolution hier eigene Wege. Rund 90 Prozent aller heimischen Tier- und Pflanzenarten kommen nirgendwo sonst auf der Erde vor – vom „Baum der Reisenden", der das Wappen Madagaskars ziert, bis hin zu den kulleräugigen Lemuren. Immer wieder finden Wissenschaftler zudem neue Arten: Etwa ein kürzlich entdecktes Mini-Chamäleon, das keine drei Zentimeter misst.
„La Grande Île", die große Insel, wie die Madagassen ihre Heimat stolz nennen, ist so groß wie Deutschland und Großbritannien zusammen.
Ein Naturparadies voller Artenreichtum, in dessen Landschaften das Leben in außergewöhnlicher Dichte und Vielfalt tobt. Feuchtheiße Regenwälder überziehen weite Teile der Insel, im Westen ragen große Affenbrotbäume in den Himmel, Reisterrassen im Hochland wechseln sich ab mit bizarren Karstgebirgen, roten Savannen und tropischen Stränden.
Madagaskar ist wahrlich mehr als eine Insel – es ist eine Welt für sich.
Eine Welt übrigens, in der Hektik ein Fremdwort ist. Mora Mora – immer mit der Ruhe, lautet die Devise der Inselbevölkerung. Aus verschiedenen Volksstämmen und ethnischen Gruppen, die über Jahrhunderte aus asiatischen, arabischen und afrikanischen Ländern einwanderten, ist auf Madagaskar eine bunte, mitreißende Kultur entstanden. Fröhlich, exotisch, neugierig, manchmal erschreckend arm, aber immer voller Herzlichkeit und Lebensfreude – das zeichnet die Madagassen aus.
Ich möchte Sie nun einladen, mit mir auf eine Bilderreise dorthin zu gehen, wo der Pfeffer wächst: Entdecken Sie Madagaskar!

Günter Lenz

ALLEE DER

Baumriesen

Einzigartig auf der Welt erstreckt sich hier in der Region „Menabe" entlang der roten Sandpiste, eine Allee aus riesigen Baobabs. Die Bezeichnung der Region „Menabe" kommt aus der madagassischen Sprache und bedeutet „sehr rot". Von den neun bekannten Arten des Affenbrotbaumes kommen alleine sieben Arten in Madagaskar vor. Die gigantischen Bäume mit ihren glatten in den Himmel ragenden Stämmen und struppigen Kronen bilden aufgereiht zu einer Allee wohl eine der spektakulärsten Landschaften der Insel im Indischen Ozean.

Von der Westküste der Grande Île führen uns rote Sandpisten weg von der pulsierenden Stadt Morondava ins Landesinnere. Wir passieren typische, noch sehr ursprüngliche Dörfer und nach circa 15 Kilometern erreichen wir einen fast magischen Ort mit einem fantastischen Naturschauspiel – jeden Abend wiederholt sich der letzte Akt des Tages, wenn die Sonne tiefrot hinter den Baumgiganten über den Horizont abtaucht. Zuerst blinzeln noch die letzten Sonnenstrahlen durch die Bäume und schon wenig später färbt sich der Himmel in ein faszinierendes Farbenspiel von Orange, Gelb über Rosé bis hin zum dunkelblauen Nachthimmel, in dem auch schon die ersten funkelnden Sterne zu sehen sind.
Vor dieser Himmelskulisse zeichnen sich die Silhouetten der Baobabs wie Scherenschnitte ab.
Erst wenn es ganz dunkel ist, kehrt rund um das kleine Dorf, das sich entlang der Baobabs hier angesiedelt hat, wieder Ruhe ein und die Wurzeln des Himmels, wie die Baumriesen auch genannt werden, scheinen den Mond und die Sterne kitzeln zu wollen.
Eine madagassische Legende erzählt von der Entstehung des Baobabs. Der Baobab beschwerte sich heftig bei Gott über seinen Standort und sein Aussehen, worauf dieser erzürnt den Baobab aus der Erde riss und kopfüber wieder in die Erde steckte. Und so hat er nun sein eigenartiges Aussehen.

„Baobab amoureux“

Eng umschlungen poussieren zwei Baumriesen, als wollten sie sich gegenseitig an diesem Ort für immer vereinigen. Eine wohl einzigartige Laune der Natur, die dieses Denkmal für alle Liebenden erschuf. Zahlreiche eingeritzte Inschriften zeugen von den Liebespaaren, die sich hier wohl ähnlich innig umschlungen hielten.

Archaisch muten die einfachen Ochsenkarren an, mit denen die Bauern immer noch Ihre Ernte vom Feld einfahren oder auf der roten Piste zu den Märkten nach Morondava bringen. Mit stoischer Ruhe lenken sie Ihre urzeitlichen Gefährte durch die Landschaft.

Ein buntes Treiben belebt diese außergewöhnliche Allee. Ochsenkarren, Fahrräder, Füßgänger, aber auch urige Buschtaxis nutzen die Sandpiste. Die Baobab-Allee hat sich, auch für Touristen, mehr und mehr zu einem Anziehungspunkt entwickelt, und so sind nun ebenfalls einige Händler mit ihren Marktständen an diesen Ort gewandert, um dort Kunsthandwerk und kleine Dinge des täglichen Bedarfs zu verkaufen.

Im Schatten der riesigen Baobabs kümmern sich Kinder um die Ziegenherden.
Die Tiere sichern das Auskommen der ländlichen Bevölkerung.

Dieser prächtige Affenbrotbaum der Gattung *Adansonia grandidieri* hat den Zenit seiner Lebenszeit bereits überschritten. Der bis zu 25-30 Meter hohe Laubbaum bildet in den Monaten November und Dezember Blätter im Kronendach. Der zylindrische Stamm mit seiner glatte Rinde speichert Unmengen von Wasser, das faserige Holz ist reich an Vitamin C.
Obwohl dieser Baobab noch einen prall gefüllten Stamm hat wird dieser Affenbrotbaum bald sterben.
Die durchschnittliche Lebenszeit dieser Baumriesen kann bei mehreren Hundert Jahren liegen.
Der *Adansonia grandidieri* ist auf Madagaskar endemisch und gilt als gefährdete Baumart.

Pure Lebensfreude dagegen versprühen die Kinder der Insel. Mit meist einfachen und selbstgebauten Spielzeugen beschäftigen sie sich mit ihren Geschwistern und Freunden. Schon ein freundliches Zuwinken lässt ihre neugierigen Augen aufblitzen.

Die Galerie der Baobabs

Täglich, wenn sich die Sonne hinter den Baobab-Giganten über den Horizont senkt, beginnt ein unglaubliches Naturschauspiel. Die Baumriesen färben sich in zartes Rosa bis zu knalligem Orange, bald beginnt der Himmel in allen Farben zu schillern, bis sich nur noch Scherenschnitte der einzigartigen Gewächse in den nachtblauen Himmel strecken und sich im Tümpel davor spiegeln. Es kehrt eine unglaubliche Ruhe ein, die zum Verweilen einlädt, bis funkelnde Sterne über den Baobabs am Firmament erscheinen.

BIZARRE

Steinwälder

Die Tsingy de Bemaraha – der steinerne Wald – sind eine aus Muschelkalk-Sediment entstandene Karstlandschaft. Sie liegt nördlich des Manambolo-Flusses in der Provinz Mahajanga unweit des kleinen Ortes Bekopaka. Messerscharf und teilweise spitz wie Nadeln erheben sich die eng aneinander stehenden Kalkfelsen aus dem Boden. Diese auffälligen Kalksteinformationen dehnen sich auf einer Fläche von über 700 km² aus. Im Süden wird das Reservat vom Manambolo und im Norden von bis zu 400 Meter hohen Kliffen begrenzt.

Schon die Fahrt zu den Tsingy erweist sich als ein echtes Abenteuer. Die abgelegene Region erreicht man von Morondava, durch das rote Land über staubige Sandpisten der Region Menabe. Mit für Europäer abenteuerlichen Katamaranfähren überquert man vor Belo-sur-Mer den oft stark versandeten Tsiribihina-Fluss.
So kommt es, dass die Fähren hin und wieder auf den Sandbänken auflaufen und von Muskelkraft wieder ins Fahrwasser bugsiert werden.
Belo-sur-Mer ist eine pulsierende Marktstadt, wo noch die letzten Dinge für die weitere Tour besorgt werden können.
Ein bunter und brodelnder Markt bietet dem Reisenden alles, was er noch für eine Tour in die Tsingy benötigt, oder man schwelgt einfach in dem bunten Treiben. Von hier führt eine enorm schlechte Piste bis an das Südufer des Manambolo, den wir ebenfalls auf einer handbetriebenen Fähre mithilfe von Stakstangen und kräftigen jungen Burschen überqueren.
Das kleine Örtchen Bekopaka ist der Ausgangsort für eine Tour in die fantastischen Tsingy. Die Tsingy de Bemaraha sind seit 1990 UNESCO-Weltnaturerbe und seit 1997 Nationalpark.
Die Tsingy stellen ein fast undurchdringliches Labyrinth aus messerscharfen Kalksteinkämmen und Felsnadeln dar. Ein abenteuerlicher Steig, zum Teil mit Seilen und Leitern gesichert, führt durch die beeindruckende Landschaft hinauf zu den Gipfeln der Tsingy. Nachdem man eine in luftiger Höhe schwingende Hängebrücke überquert hat, erklimmt man eine Plattform mit atemberaubendem Ausblick über das faszinierende Panorama des riesigen Steinlabyrinths. Wenn man sehr früh aufgebrochen ist und hier den Sonnenaufgang erleben kann, sieht man auch die gewandten Braunmakis oder Larvensifakas über die Felsnadeln klettern oder sich ihrem morgendlichen Sonnenbad hingebend, um die Feuchte der Nacht aus dem Fell zu treiben.

Der Manambolo ist eine wichtige Lebensader der Region von Bekopaka. Er entspringt circa 130 Kilometer westlich von Antananarivo im Hochland Madagaskars. Der durch erodiertes Sedimentgestein meist rot gefärbte Fluss fließt nach Westen und mündet in den Kanal von Mosambik. Nachdem er den Manambolocanyon durchdrungen hat, liegt an seinem Nordufer das kleine Dorf Bekopaka, welches der Ausgangspunkt für den Besuch der Tsingy de Bemaraha ist.

Der Fluss als Ort des Lebens

Hier am Fluss und an dessen Ufern spielt sich das meiste Leben des Ortes Bekopaka ab. Er dient als Waschplatz für Wäsche und Badeplatz für Menschen, die Fähre stellt die Verbindung zur Außenwelt her. Fischer paddeln mit ihren schmalen Pirogen über den Fluss und bringen den Fang des Tages oft viele Kilometer bis zum Ort. An den Ufern spielen Kinder Fußball, tränken ihre Rinder und Ziegen oder erfreuen sich an einer ergatterten Mango. Besonders aufregend wird es, wenn Touristen mit Geländewagen oder große Lastwagen kommen und auf der klapprigen Fähre den Fluss überqueren.

Wasser, Sand und Wind erschufen hier eine Landschaft der Nadeln und messerscharfen Klingen aus Stein. Bizarre Gebilde ragen in den Himmel aus diesem Meer aus Muschelkalk und Sediment. Vor Millionen Jahren auf dem Grund des Meeres entstandene Schichten erhoben sich und erodierten zu einem faszinierenden Steinwald mit engen Schluchten, tief eingebetteten kleinen Wäldern und zu einem Refugium für eine großartige Tierwelt.

LAND IM

Schatten der Berge

Am südwestlichen Rand des Andringitragebirges strebt ein Monolith von ergreifender Schönheit aus der Landschaft – der Tsaranoro. Das Tsaranoromassiv und das Andringitragebirge bilden die natürliche Grenze zwischen den Völkern der Bara und der Betsileo. Die grandiosen Berge recken sich über 2600 Meter hoch in den Himmel. Einsame Täler wie das Tsaranorotal mit seinen Reisterrassen führen hinauf zu den grauen Granitbergen und versprechen atemberaubende Blicke auf diese alpin anmutende Landschaft.

Abenteuerlustige Freikletterer, Paraglider und Basejumper aus aller Welt kommen hierher, um die steilen bis zu 800 Meter hohen Wände der Berge zu bezwingen. Am Fuße dieser Felswände befinden sich kleine ursprüngliche Dörfer und der Wald der Kattas. Die geselligen Lemuren leben in diesem Naturparadies, im Schatten des Tsaranoro und des „Chamäleons", eines Bergs, der seinen Namen nicht zufällig trägt. Er ragt wie ein überdimensionales Kriechtier in den Himmel, und es braucht nicht viel Fantasie, um seinen Namen zu verstehen.

Hier in den Wäldern stromern große Familien der Kattas durch diese einmalige Landschaft. Die Feuchtnasenaffen leben in Familienverbänden mit 15–30 Tieren zusammen und ernähren sich meist von Früchten, Blüten, Knospen und Blättern, hin und wieder aber auch von Kleintieren wie Insekten, Spinnen und Zikaden. Die Familie wird von einem dominanten Weibchen angeführt. Die weiblichen Tiere bekommen im September/Oktober meist ein bis zwei Junge, die dann zuerst bei den Müttern am Bauch festgeklammert durch die Wipfel der Bäume getragen werden. Später sitzen sie oft recht keck auf dem Rücken der Mutter oder von Geschwistern, die mit den Jungen tollkühne Sätze von einem Baum zum anderen wagen.

Das Hochland zwischen dem Tsaranoromassiv und dem Andringitragebirge, welches die Grenze der Stämme der Betsileo im Norden und den Bara im Süden darstellt ist eine von Reisfeldern geprägte Landschaft in einer Höhe von über 1000 Meter über dem Meer. Die bis zu 2600 Meter hohen Berge sind hier regelrechte Wolkenfänger und sorgen in diesem Teil des Hochlandes für gute Regenfälle die eine gute Basis für den Reisanbau darstellen. Auf den üppigeren Bergwiesen finden auch die Zeburinder über das ganze Jahr ausreichend Futter.

Riesige Granitfelsen liegen in den Wäldern am Fuße der Monolithen Chamäleon und Tsaranoro. Dort ist in ihrem Schatten ein idealer Lebensraum für die wohl auf größter Höhe beheimatete Lemurenart, die Kattas, entstanden. Hier leben die kecken Primaten in großen Familienverbänden. Aber auch verschiedenste Reptilien wie Schlangen, Eidechsen und natürlich die in Madagaskar endemischen Chamäleons finden hier ihr Habitat.

Frische Blüten und Knospen gehören neben diversen Früchten zur Lieblingsspeise der Kattas. Äußerst attraktiv finden die Kattas die Blüten der Feuerranke – auch für Fotografen ist es ein besonderes Bild, wenn die Kattas die bunten, orangen Blüten genüsslich von den Bäumen zupfen.

Zwei Mütter mit Ihren circa vier Wochen alten Jungen auf dem Rücken machen gerade eine kleine Rast auf einem Felsen bei ihrem Streifzug durch das Revier. Kattas verbringen mit etwa 30 % ihres Lebens von allen Lemuren die meiste Zeit am Boden. Lediglich die bereits ausgestorbenen Riesenlemuren waren vermutlich dauerhaft bodenbewohnend.

Nachdem die Kattas kurz nach Sonnenaufgang ihre Schlafnester in den Baumkronen verlassen haben, suchen sie sich ein exponiertes Plätzchen, um ihr Fell in der Sonne zu trocknen und den Körper aufzuwärmen. So bringen sie ihn auf Betriebstemperatur. Während dieser Phase turnen die Jungtiere meist zwischen den Alttieren umher. Es ist auch die Zeit einer intensiven Fellpflege.

Wie in die Zeit der Dinosaurier zurückversetzt fühlt man sich bei der Beobachtung der Chamäleons. Nur mit sehr scharfem Auge entdeckt man die Weltmeister der Tarnung in den Bäumen und Büschen.
Ein besonderer Künstler der Tarnung ist der nachtaktive Plattschwanzgecko. Er passt sich in Farbe und Oberflächenstruktur der Baumrinde perfekt an.

Etwas leichter ist das bis zu 70 Zentimeter lange *Furcifer oustaleti*, das Madagaskar-Riesenchamäleon auszumachen. Mit beachtlicher Geschwindigkeit klettert es behände durch Äste und Baumkronen. Die Männchen tragen meist ein graubraunes Tarnkleid.

Die etwas kleineren Weibchen des Madagaskar-Riesenchamäleons tarnen sich eher mit einem grünen Farbkleid und sind somit im dichten Blätterwerk für Feinde kaum zu sehen. Riesenchamäleons ernähren sich hauptsächlich von Fliegen, Schaben und Heuschrecken, aber auch kleine Eidechsen können die Jäger erbeuten.

Der Artenreichtum der urzeitlichen Tiere ist in Madagaskar enorm groß. Das Kleinste misst gerade mal einige Millimeter, und die Farbgebung erstreckt sich über die gesamte Farbpalette. Die rundum beweglichen Augen warnen die Tiere frühzeitig vor Feinden wie Raubvögeln.

Links: Pantherchamäleon (*Furcifer pardalis*)

Rechts oben: Teppichchamäleon (*Furcifer lateralis*)

Rechts unten: Parsons Chamäleon (*Calumma parsonii*)

Die Täler werden von den Betsileo mit Reisterrassen mühevoll in Handarbeit bestellt. Einzig ein von Zeburindern gezogener Pflug unterstützt die beschwerliche Handarbeit. Die Männer kümmern sich um die Aufbereitung des Bodens und das Ziehen der Bewässerungskanäle, während die Frauen oft knietief im Wasser stehen und die vorgezogenen Setzlinge Stück für Stück pikieren.

So trotzen die Betsileo der felsigen Landschaft je nach Niederschlag zwei bis drei Reisernten im Jahr ab. Der reife Reis wird ebenfalls von Hand geerntet. Die Reishalme werden mit Sicheln geschnitten und gebündelt. Anschließend werden aus den Bündeln die reifen Reiskörner geschüttelt und zum Trocknen in der Sonne ausgelegt. Danach wird durch Schütteln und Schütten die Spreu vom Reis getrennt.

Die typischen Buckelrinder findet man in ganz Madagaskar. Hier weiden die Zebus in einer fast alpin aussehenden Graslandschaft vor dem gewaltigen Massiv des Andringitragebirges.

Stolz präsentieren die Kinder eines nahen Dorfes ihre bunten Ketten aus Tränengrassamen zum Verkauf. Die leuchtenden Augen und das Lächeln auf den Gesichtern der Kinder belohnen den Kauf einiger Ketten, die ein typisches und originelles Souvenir sind.

Die Betsileo bewohnen das zentrale Hochland Madagaskars. Sie gelten als exzellente Baumeister von mehrstöckigen Häusern aus selbst hergestellten Lehmziegeln. Zu einem richtigen Haus der Betsileo gehört eine auf vier Backsteinsäulen erbaute Holzveranda mit einer verzierten Balustrade. Solche Häuser gelten auch als Symbol des ländlichen Reichtums. Ursprünglich waren die Gebäude mit Gras gedeckt, heutzutage kommt immer häufiger Wellblech zum Einsatz. Es bietet einen besseren Schutz gegen Regen und Wetter, ist länger haltbar und gilt zugleich als Statussymbol.

Der Lehm für die Ziegel wird meist von den Reisfeldern geholt. Er wird in Holzformen gegossen und an der Sonne getrocknet. Die trockenen Lehmziegel werden dann zu Ziegeltürmen aufgestapelt und mit gebrannten Ziegeln umgeben. Dieser Turm wird anschließend mit Lehm verputzt. In einem Hohlraum wird ein Feuer aus Holzkohle und Reisspreu entfacht und die Ziegel werden bis zu 4 Tage gebrannt. Wenn der Turm „fertiggebrannt" und abgekühlt ist, werden die Ziegeltürme per Hand wieder zerlegt und die fertigen Ziegel auf Karren und Lastwagen verladen.

DORNENWÄLDER UND TANZENDE

Lemuren

Das Berenty-Naturreservat ist ein privates Wildlife Reserve im Süden Madagaskars. Es liegt an den Galeriewäldern des Mandrareflusses. Berenty wurde von der Familie de Heaulme, die in den angrenzenden Gebieten in den 30er Jahren eine Sisalplantage unterhielt, gegründet und mit viel Liebe und Enthusiasmus aufgebaut. 1936 begann die Familie de Heaulme entlang des Mandrareflusses die Sisalplantagen mit der Genehmigung des Tandroy-Stammes, den hier ansässigen Einwohnern, anzulegen.

Das 1000 Hektar große Gebiet mit intakten Galeriewäldern und alten Tamarindenbäumen sowie die „Spiny Forests" (Dornenwälder) – sogenannte Didiereaceae-Wälder – erhalten die Begründer des Reservats, die Familie de Heaulme, bis zum heutigen Tag als Naturschatz des südlichen Madagaskar. Berenty hat seit jeher den Schwerpunkt auf den Schutz und die Erforschung der Lemuren gelegt. Mittlerweile ist das Reservat eines der wichtigsten Ziele für Touristen in Madagaskar. Forscher, Kamerateams und Fotografen aus der ganzen Welt geben sich hier die Klinke in die Hand. Die berühmten tanzenden Sifakas und durch den roten Sand streunenden Kattas dürfen in keiner Film- oder Fotodokumentation über Madagaskar fehlen. In den umgebenden Galeriewäldern leben Lemuren unterschiedlichster Species. Am frühen Morgen überqueren die „tanzenden Sifakas" die roten Sandwege in unnachahmlicher Art. Da die weißen Larvensifakas sehr lange Hinterbeine haben, können sie sich auf dem Boden nur in dieser tanzenden Weise fortbewegen und steuern mit gewaltigen Sätzen schnellstmöglich den nächsten Baum an. Sie scheuen selbst die mit nadelspitzen Dornen gespickten Didiereaceae oder die stacheligen Sisalpflanzen nicht, um hurtig wieder in ein für sie sicheres Terrain zu gelangen. Auch die Kattas mit Ihren schwarz-weiß geringelten, hochstehenden Schwänzen durchstreifen das Reservat in großen Gruppen. Nach Sonnenaufgang kann man sie häufig beobachten, wie sie die ersten wärmenden Sonnenstrahlen nutzen, um Ihr Fell zu trocknen und den Körper auf Betriebstemperatur zu bringen. Erst dann schwärmen sie zur Futtersuche aus. In den Baumhöhlen der Wälder findet man häufig auch die nachtaktiven Wieselmakis, die dort schläfrig den Tag verbringen. Bei unserem Anblick sind sie aber sofort hellwach und prüfen mit Ihren riesigen Augen die Lage.

Die tanzenden Lemuren

Hier lässt sich ein wirklich einmaliges tierisches Spektakel beobachten. Der Tanz weißer Lemuren auf roter Erde ist eine fantastische Darbietung der possierlichen Halbaffen. In ganzen Familienverbänden überqueren sie die von Sisalagaven, Tamarindenbäumen und Didiereaceae gesäumten roten Sandwege, die durch das Naturreservat führen. Oft warten sie minutenlang in sicherer Position, bis sie über freies Gelände in tanzender Bewegung zum nächsten Baum springen. Larvensifakas verlassen nur ungern ihr sicheres Revier hoch in den Bäumen.

Ein Larvensifaka (*Propithecus verreauxi*) wird circa 40 – 48 Zentimeter groß, der Schwanz aber misst stolze 50 – 60 Zentimeter. Die weißen Lemuren leben vorwiegend im südwestlichen Madagaskar in Trockenwäldern, Dornwäldern, aber auch in Regenwäldern. Sie können sich trockenen klimatischen Bedingungen sehr gut anpassen. Im Vergleich zu anderen madagassischen Lemuren haben die Larvensifakas ein größeres Verbreitungsgebiet.

Sifaka – bedrohter Lebenskünstler und Waldgeist

Sifakas sind tagaktive Baumbewohner und ernähren sich von Früchten, Blüten, Blättern und Samen. Sifakas nutzen eine recht komplexe Kommunikation und warnen sich vor Bodenräubern wie der Fossa oder vor attackierenden Greifvögeln mit unterschiedlichen Lauten.
Mit der Zerstörung ihres Lebensraumes durch den Menschen ist ihr Bestand aber leider sehr gefährdet und die Weltnaturschutzunion (IUCN) hat den Larvensifaka bereits auf der „Roten Liste".

Auch der Katta (*Lemur catta*) wird von der Weltnaturschutzunion (IUCN) bereits auf der Roten Liste geführt, obwohl er in sehr vielfältigen Lebensräumen vorkommt. Kattas bevölkern Lebensräume von trockenen Savannen über Dornen-, Laub- und Galeriewälder auch in felsigem Gebiet über der Baumgrenze bis hin zu gebirgigem Gelände. Durch Brandrodung, Baumrodungen und Holzkohlegewinnung sowie auch Bejagung wegen ihres Fleisches sinken die Bestände der Kattas erheblich.

Hier im Berenty-Naturreservat finden die sympathischen, frechen Lemuren einen geschützten Lebensraum und der Nachwuchs sieht vom sicheren Rücken der Mütter neugierig in die Zukunft.

Die sukkulentenartigen Pflanzen sind ursprünglich endemisch in Madagaskar. Sie wachsen im semiariden Süden Madagaskars und schützen sich vor Fressfeinden mit bis zu 3 Zentimeter langen, kräftigen und spitzen Dornen. Nach Regenfällen bilden sie kleine, fette Blätter, die natürlich ein Leckerbissen für die hier lebenden Sifakas sind. Mit ihren samtweichen Händen klettern und springen sie geschickt durch die stachligen Wälder.

Mausmaki, Wieselmaki & Co.

Die nachtaktiven Lemuren erkennt man sogleich an ihren riesigen Augen, mit denen sie sich die Nacht zum Tag machen, sobald sie in der Dunkelheit auf Futtersuche gehen. Während der bis zu 30 Zentimeter große Wieselmaki (*Lepilemur*) als Pflanzenfresser gilt und sich hauptsächlich von Blättern ernährt, gehört der 9–15 Zentimeter kleine Mausmaki (*Microcebus*) zu den Allesfressern. Er ernährt sich hauptsächlich von Früchten, Blüten und Nektar, erbeutet aber ebenso Insekten und Spinnen. Nachts sind die putzigen Kerle nur schwer zu finden, im Schein der Taschenlampe kann man sie dank ihrer leuchtenden Augen aber doch aufspüren.

DAS FENSTER
ZUM HIMMEL

Isalo-Canyon

Der Isalo-Canyon, auch als Canyon der Makis bezeichnet, befindet sich auf dem zentralmadagassischen Hochplateau bei Ranohira. Nördlich der edelsteinreichen Gebiete, wo die Jäger von Saphiren und anderer Edelsteine riesige Löcher graben, um die seltenen Steine ans Tageslicht zu fördern, erstreckt sich eine pittoreske Felslandschaft. Das aus rotem triassischem Sandstein bestehende Gebirge erstreckt sich auf einer Flächen von über 80 000 Hektar und liegt in Höhenlagen von 550 bis 1200 Meter über dem Meer.

 Das Fentser zum Himmel – Isalo-Canyon

Der Gebirgsstock ist seit Urzeiten von Erosion geformt und es bildeten sich im Laufe von Jahrtausenden spektakuläre Felsformen. Vom beschaulichen Ort Ranohira führen unzählige Trekkingpfade in das Felslabyrinth. Das „Fenêtre du ciel" – Fenster zum Himmel – befindet sich am Südrand des Isalo-Canyons.
In den Nachmittagsstunden beleuchtet die Sonne die Felswände und lässt die Steine in den buntesten Farben erstrahlen. Zum Sonnenuntergang verabschiedet sich die Sonne im Westen dann genau hinter dem steinernen Fenster in allen Farben, die die Natur zu bieten hat. In den trockenen Monaten, hauptsächlich von Juni bis August, strahlt meist ein stahlblauer wolkenloser Himmel über dem Bergmassiv. Nachts zieht sich ein unbeschreibliches Sternenzelt über das Firmament bis zum Horizont.
Frühmorgens erwacht dann das Leben wieder in den felsigen Schluchten des Canyons der Makis. Kattas, Braunmakis und Sifakas fühlen sich in den Felsen und Wäldern offensichtlich sehr wohl. In großen Familienverbänden leben Kattas in den Bäumen. Auch die eleganten weißen Larvensifakas erfreuen sich der vielen, mit Früchten behangenen Bäume in den von Felsen gesäumten Wäldern. Mit Glück trifft man die Kattas an, wie sie sich an den steilen Felswänden im Tal der Affen durch die Galeriewälder hangeln und zu guter Letzt am Fluss trinken.
Smaragdgrüne Naturpools und plätschernde Gebirgsbäche mit frischem, Leben spendendem Wasser sind nicht nur für die Tiere der Quell des Lebens. Auch Touristen und Einheimische genießen die kühlenden Gewässer bei einem Bad im „piscine naturelle" (Naturschwimmbecken) inmitten einer staubigen und steinigen Welt des riesigen Gebirges – Land der Seen, Bäche und Schluchten.

Die Landschaft des Isalo-Nationalparks besteht aus wild zerklüfteten Sandsteinformationen, offenem Grasland mit vereinzelten Palmen, tiefen Schluchten mit dichten Auwäldern und einigen von Palmen gesäumten Oasen.

In den Auwäldern des Isalo-Canyons tummeln sich auch viele Reptilien. Das in Madagaskar weit verbreitete Riesenchamäleon findet man ebenfalls hier. Die harmlose und ungiftige Würfelnatter schlängelt sich gerne entlang der Wasserläufe durch den Busch.

Der Große Madagaskar-Baumleguan *(Oplurus cuvieri)* kommt häufig in den trockenen Gebieten der Insel vor.

Das Madagaskar-Riesenchamäleon kann in freier Natur 12–15 Jahre alt werden. Die Weibchen legen bis zu 50 Eier in den Boden, aus denen bei 28° C nach ca 250 Tagen die jungen Chamäleons schlüpfen. Diese sind bereits nach einem Jahr geschlechtsreif.

INSELPERLEN DER

Grande Île

Die Große Insel Madagaskar wird von vielen kleinen Inselperlen umgeben. Die meist unbewohnten Mikroinseln besitzen häufig eine sehr spezielle und endemische Flora und Fauna. Nicht selten kommt man nur mit abenteuerlichen Pirogen und Auslegerbooten auf diese Kleinode, wo es meist keinerlei Infrastruktur gibt, aber eine sehenswerte und noch intakte Naturwelt. Lemuren, Chamäleons, Frösche und einzigartige Pflanzen begegnen dem Besucher auf Schritt und Tritt. Grund genug, sich auf dieses Abenteuer einzulassen.

Nosy Be, die große Insel, Nosy Mangabe, die blaue Insel in der Bucht von Antongil im Norden, oder Nosy Komba, die Insel der Lemuren vulkanischem Ursprungs – um nur einige von ihnen zu nennen. Nosy Be mit seinen Palmen gesäumten Sandstränden hat sich als Bade- und Urlauberinsel in Madagaskar etabliert. Ganz das Gegenteil ist die Robinson-Crusoe-Insel – Nosy Mangabe. Sie gehört im Prinzip noch zu den Urwäldern der Masoala-Halbinsel. Mit ihrer Fauna und Flora entspricht die kleine Insel, auf der nur ein paar einfache Hütten stehen, den Primärwäldern der nahen Masoalawälder. Umgeben von Mangroven findet man auf der Insel eine vielfältige Population an Fröschen, Chamäleons und anderen Reptilien. Wie fast überall in Madagaskar treiben sich auch Lemuren in den Baumkronen herum. Das nachtaktive und sehr scheue Fingertier oder auch Aye-Aye wurde auf die Insel eingeführt, ebenso der tagaktive Weißkopfmaki, heimisch sind jedoch die nachtaktiven Maus- und Wieselmakis. Nosy Komba, die Insel der Lemuren, liegt eingebettet zwischen dem Nordwesten Madagaskars und Nosy Be. Auf der mit Regenwald bedeckten Insel leben vor allem die pechschwarzen Mohrenmakis.
Zur einzigartigen Inselwelt rund um Madagaskar möchte ich auch noch den Kanal von Pangalanes zählen.
Der über 600 Kilometer lange, künstlich angelegte Kanal mit seinen Inseln und Seitenarmen stellt ein einmaliges Naturparadies dar.
Der Kanal ist der einzige Transportweg der örtlichen Bevölkerung und so sieht man unzählige Pirogen und Boote, die Menschen und Waren hier zu den abgelegenen Dörfern transportieren.

Mit abenteuerlichen Booten und Pirogen fahren Fischer und Händler hinaus aufs Meer. Oft werden die Auslegerboote mit improvisierten Segeln aus Tüchern und Planen zu Segelbooten.

In den Wäldern von Nosy Mangabe kann man mit Glück auch das Pantherchamäleon dabei beobachten, wie es mit seiner fast einen halben Meter langen „Schleuderzunge" Beute macht. Aus großer Entfernung schleudert das Chamäleon zielsicher die klebrige Zunge auf ein Insekt, das ob des plötzlichen Angriffes chancenlos ist. Die Zunge wird dann mitsamt der Beute wieder eingerollt und das Opfer verspeist. Die außergewöhnliche Zunge hat dem bunten Reptil auch, aus dem Lateinischen übersetzt, den Beinamen „Wurmzüngler" eingebracht.

Das Parsons Chamäleon gehört mit einer Gesamtlänge von bis zu 68 cm zu den größten Chamäleons Madagaskars. Es jagt tagsüber nach Insekten und kleineren Wirbeltieren und hält sich gerne in den Baumkronen auf. Das Parsons Chamäleon lebt ausschließlich im Norden und Osten in den Regenwäldern der Insel. Die weiblichen Tiere legen circa 20–35 Eier und vergraben diese bis zu 30 Zentimeter tief im Boden. Erst nach 400 bis 520 Tagen schlüpfen die Jungtiere.

Madagaskar und seine umgebende Inselwelt beheimaten unzählige verschiedene Frösche und Kröten. Einige der hier heimischen Arten von links nach rechts: der Tomatenfrosch (*Dyscophus antongilii*), der Madagaskar-Buntfrosch *Mantella madagascariensis, Mantidactylus grandidieri* und das Goldfröschchen (*Mantella aurantiaca*). Häufig leben die bunten Amphibien in mit Wasser gefüllten Baumstämmen oder kleinen Tümpeln und im Blätterwerk der Wälder.

Einige Arten bevorzugen eher ein bodenständiges Leben, während andere sich im Buschwerk wohler fühlen. Die oft winzigen Tiere sind nicht immer leicht zu entdecken, da sie sich durch hervorragende „Mimikry" ihrer Umgebung anpassen und damit eine perfekte Tarnung haben.

Der Canal des Pangalanes ist für die Region ohne Straßen eine unverzichtbare Lebensader. Der Kanal entstand in achtjähriger Bauzeit. Zwischen natürlichen Lagunen wurden künstliche Verbindungen hergestellt und so eine 645 Kilometer lange Wasserstraße an der Ostküste der Insel geschaffen. Er schlängelt sich durch die Dünenlandschaft und ist oft stark versandet. Die Landzungen zum Indischen Ozean sind an manchen Stellen nur 100 Meter breit. Meist ist der Kanal an der Westseite mit üppiger Vegetation gesäumt.

KATTA, MAUSMAKI & CO.

Lemuria-Land

Rote Insel – das Land der Lemuren. 400 Kilometer abseits des afrikanischen Kontinents, getrennt durch den Kanal von Mosambik, konnten sich Primaten entwickeln, die auf dem Festland aufgrund vieler Feinde keine Chance hatten, sich zu etablieren – die Lemuren. Bis zum heutigen Tag zählt man auf Madagaskar bereits über einhundertfünfzehn verschiedene Arten der putzigen Halbaffen. Sie bevölkern die Insel in fast allen Gebieten des Landes und unterteilen sich in tag- und nachtaktive Arten.

Die größte lebende Art der Lemuren ist der tagaktive Indri (*Indri indri*). Die meist hoch oben in den Bäumen sitzenden Halbaffen machen sich mit Ihrem schon von weitem unüberhörbaren Ruf der Wildnis bemerkbar. Der Berthe-Mausmaki mit circa 9 Zentimeter Größe und nur circa 30 Gramm Gewicht ist die im Moment kleinste bekannte Art. Er wurde erst vor kurzem entdeckt, ist nachtaktiv und im Westen der Insel im Kirindy-Trockenwald beheimatet.

Madagaskar weist die größte Primaten-Vielfalt der Welt auf. Weit verbreitet findet man die Kattas und den weißen Lemur, die Larvensifakas und die Braunmakis. Die Kattas mit ihren schwarz-weiß gestreiften, aufgereckten Schwänzen gehören wohl zur bekanntesten Art. Sie leben in Familienverbänden und haben ein sehr gut zu beobachtendes Sozialgefüge in ihren Gruppen. Besonders im Naturreservat von Berenty im Süden des Landes kann man den Tanz der Sifakas auf der roten Erde gut beobachten. In den Didiereaceae- und Galeriewäldern des Reservats finden sie einen geschützten Lebensraum.

Da sie sich mit Ihren langen Hinterbeinen nicht auf allen vier Händen fortbewegen können, bewegen sich die hervorragenden Kletterer am Boden in einer tanzenden, springenden und aufrechten Art und Weise.

Zu den seltenen Arten in den Urwäldern von Ranomafana zählt der Goldene Bambuslemur. Der tagaktive Lemur ernährt sich vorwiegend von frischem Bambus. Sobald die Sonne hinter dem Horizont verschwindet, erwachen die nachtaktiven Kobolde im Busch zum Leben. Maus-, Wiesel- und Fettschwanzmakis verlassen nun ihre Schlafnester und gehen auf Futtersuche. Mit ihren riesigen Augen können sie nachts die Beutetiere oder Lieblingsfrüchte perfekt sehen. Die possierlichen Waldgeister sind stets auf der Hut, denn auch nachts können sie sich nicht sicher fühlen vor Fressfeinden wie der Fossa, der großen Schleichkatze und Greifvögeln, die im Schutz der Dunkelheit jagen.

Die edel wirkenden Edwards-Sifakas gehören zu den indriartigen Lemuren. Die circa 42–52 Zentimeter großen Lemuren gehören zu den größten ihrer Art und fühlen sich im dichten Bergregenwald von Ranomafana sehr wohl. Hoch oben in den Baumkronen verbringen sie die meiste Zeit des Tages, um Früchte, Samen und Blätter zu suchen. Zeitweise kommen sie auch auf den Boden. Dort fressen sie Erde, um Spurenelemente zu sich zu nehmen.

Der Goldene Bambuslemur oder Goldene Halbmaki (*Hapalemur aureus*) mit seinem knuffig gedrungenen Körper und dichtem weichen Fell erfreut sich fast ausschließlich seiner Lieblingsnahrung – der Bambusart *Cathariostachys madagascariensis*, die vorwiegend in den Wäldern von Ranomafana üppig zu finden ist. Leckerbissen sind die frischen Triebe und jungen Blätter der Pflanze. Er verfügt wie alle Bambusfresser über ein spezielles Verdauungssystem, um den hohen Gehalt des giftigen Cyanids im Bambus abzubauen, der für die meisten anderen Lebewesen tödlich wäre.

Nur in einem sehr kleinen Gebiet im Nordwesten Madagaskars ist der Coquerel-Sifaka (*Propithecus coquereli*) heimisch. In kleinen Gruppen lebt dieser eher kleinwüchsige Sifaka in trockenen Laubwäldern und in den Mangroven. Leider sind die Bestände dieser schönen Tiere durch Jagd und Holzkohlegewinnung stark bedroht und die Art musste von der Weltnaturschutzunion (ICUN) bereits auf die Rote Liste gesetzt werden.

Die Insel Nosy Komba, die Lemureninsel, ist die Heimat dieses Mohrenmakis (*Eulemur macaco*). Die schwarzen Gesellen leben vorwiegend in feuchten Wäldern und gelten als kathemeral. Das bedeutet, sie haben keinen festen Tag-Nacht-Rhythmus. Ihre Aktivitäten hängen von Jahreszeit und Mondstand ab.

Bei den Mohrenmakis ist die unterschiedliche Färbung bei Geschlechtern auffällig. Die weiblichen Tiere sind rotbraun mit einem braunen bis schwarzen Rücken. An den Ohren haben sie auffällige helle Haarbüschel, während die Männchen komplett schwarz sind. Die leuchtenden orangefarbenen Augen haben beide Geschlechter.

Links: Die großen Augen weisen bei diesen netten Gefährten auf ihre Nachaktivität hin. Der Hubbard-Wieselmaki (*Lepilemur hubbardorum*) sitzt tagsüber bequem in einer Astgabel und beobachtet schläfrig seine Umgebung.

Rechts: Der Graue Mausmaki (*Microcebus murinus*) klettert bei Einbruch der Dämmerung aus seinem Schlafnest und geht auf Beutezug.

Im Kirindy-Trockenwald wurde erst vor kurzem der Berthe-Mausmaki (*Microcebus berthae*) entdeckt. Er ist mit nur 9 Zentimeter Größe und 24–38 Gramm Gewicht der kleinste, im Moment bekannte, seiner Art. Diese beiden neugierigen Gesellen haben es sich im Dachgebälk der Kirindy-Lodge und Forschungsstation gemütlich gemacht. Jeden Spätnachmittag recken sie hier Ihre Köpfe aus dem hohlen Balken des Restaurants und sind die Lieblinge aller Besucher.

In den Feuchtwäldern entlang des Canal des Pangalanes im Palmarium-Reservat lebt ebenfalls der einzigartige Lemur-Hybrid. Seine Besonderheit ist eine einmalige Laune der Natur im Reich der Lemuren, es handelt sich um eine Kreuzung aus Mohrenmaki und Kronenmaki (*Eulemur coronatus*).

Einer der schönsten der Lemuren ist der Schwarzweiße Vari (*Varecia variegata*). Mit seinem flauschigen und dichten Fell sieht er äußerst elegant aus. Das schwarz und weiß abgesetzte Fell, die prägnant farblich abgesetzte Gesichtsmaske und die großen orangen Augen machen ihn zum Star in den Wäldern der Ostküste sowie auf den Inseln am Canal des Pangalanes.

Links: In den feuchten Regenwäldern entlang der Ostküste findet man auch den Rotbauchmaki (*Eulemur rubriventer*).

Oben links: Meist im dichten Fell der Mutter sind die Babys der Rotbauchmakis oft kaum zu sehen. Hier streckt es gerade für einen Moment sein winziges Köpfchen heraus.

Oben rechts: Selten zu sehen ist der Wollmaki (*Avahi laniger*). Der wollige Kerl versteckt sich auch hier ein wenig, um sich unseren Blicken zu entziehen.

GESICHTER UND IMPRESSIONEN

Vivre Malgache

Die riesige Insel im Indischen Ozean ist auf Grund ihrer geografischen Lage in den letzten Jahrhunderten von verschiedenen Seiten geprägt worden. Neben der Urbevölkerung haben sich ostafrikanische Einflüsse von der Westseite über den Kanal von Mosambik etabliert. Gleichzeitig haben Seefahrer aus dem arabischen, asiatischen und indischen sowie malaiischen Raum ihre Einflüsse nach Madagaskar gebracht. So hat sich in Madagaskar mit seinen 18 verschiedenen Urvölkern eine buntgemischte Bevölkerung entwickelt.

TOYOTA

Rote Erde und freundliche Menschen – so könnte man Madagaskar in einem sehr kurzen Satz beschreiben. Die Insel ist mit den unglaublich vielfältigen Märkten, brodelnden Städten, abgelegenen Dörfern und mit meist lachenden Menschen ein ganz spezieller Ort, der seine Magie schon kurz nach Reisebeginn auf uns überträgt. Das seit 1960 unabhängige Land hat seine ganz eigene Identität gefunden, die auch in der eigenen Sprache, dem Malagasy, ihren Ausdruck findet. Mit einem freundlichen „Tonga soa Vazah" werden wir als „Weiße" überall begrüßt und beim Abschied rufen uns meist Kinder lange ein „Veloma Vazah" hinterher. Auf den großen Viehmärkten wie in Ambalavao, dem zweitgrößten des Landes, beäugen uns die älteren Menschen manchmal auch etwas argwöhnisch; der Bann ist aber schnell gebrochen, wenn uns Kinder umringen und neugierig wissen wollen, woher wir wohl kommen. In kleinen Dörfern wird uns bereitwillig gezeigt, was im Dorf erzeugt wird – wie zum Beispiel in einem Ort, wo aus großen Felsblöcken Kieselsteine hergestellt werden oder eine kleine originäre Rumfabrik, die mit einfachsten Mitteln aus Tamarinden und Zuckerrohr das hochprozentige Feuerwasser erzeugt. Rum hat in Madagaskar in vielen Lebensbereichen eine große Tradition von der Geburt bis zum Tod. Unermüdlich sind Madagassen auch beim Anbau von Reis. Die aus Asien eingeführte Kulturpflanze hat sich in Madagaskar zum Hauptnahrungsmittel entwickelt und dem oft kargen Boden werden jährlich zwei bis drei Reisernten in mühsamer Handarbeit abgerungen. Madagaskar gehört immer noch zu den ärmsten Ländern der Erde, ist aber reich an Freundlichkeit und einer großartigen Gastfreundschaft.

Reisterrassen in der Region von Ambalavao. Die hellgrünen Felder zeigen frische Setzlinge, die zuerst in kleinen Terrassen angesät werden. Die jungen Pflänzchen werden dann ausgegraben und auf den großen Feldern wieder eingesetzt, wo sie dann bis zur Reife heranwachsen und geerntet werden.

In körperlicher Schwerstarbeit bereiten die Männer mit einfachen Pflügen und ihren Zeburindern den Boden vor, damit später das so kostbare Nahrungsmittel Reis ihre Familien ernähren kann.

Eine Frau in typischer Pose beim Aussetzen der Keimlinge, die teilweise noch zusammengebündelt zu sehen sind.

Nach der Trockenzeit werden zuerst die untersten Felder mit dem wenigen zur Verfügung stehenden Wasser bewirtschaftet. Beginnend mit dem Einsetzen der Regenfälle im Oktober oder November werden die Terrassen immer weiter nach oben beackert.
Die Madagassen beherrschen es perfekt, mit einem ausgeklügelten Grabensystem die Felder gleichmäßig zu bewässern.

DG

Neben Auto und Fahrrad ist in Madagaskar der Ochsenkarren mit den vorgespannten typischen Zebus noch immer eines der wichtigsten Transport- und Verkehrsmittel. Insbesondere die ländliche Bevölkerung ist darauf angewiesen.

Holzkohle ist auf der Insel leider der wichtigste Brennstoff. Riesige Säcke davon liegen zum Verkauf entlang der Straßen. Wertvoller Wald wird dafür im großen Stil gerodet und unwiederbringlich vernichtet. Für die Menschen liegen andere Brennstoffe als Alternative zur Holzkohle bisher leider kaum im Rahmen ihrer Möglichkeiten.

Die echten Perlen Madagaskars sind die immer blitzenden und neugierigen Kinderaugen. Sobald wir „Vazah" (Weiße) mit unseren Kameras auftauchen, drängen sie sich förmlich vor die Linse. Großes Gelächter gibt es dann meist beim Betrachten der Bilder am Monitor moderner Digitalkameras.

Ein Wunder der Farben, Gerüche und Eindrücke sind die quirligen und bunten Märkte des Landes. Von frischem Gemüse, Obst und Hülsenfrüchten über Fleisch und alle möglichen, technischen Erzeugnisse bis hin zu landwirtschaftlichem Gerät wird alles angeboten.

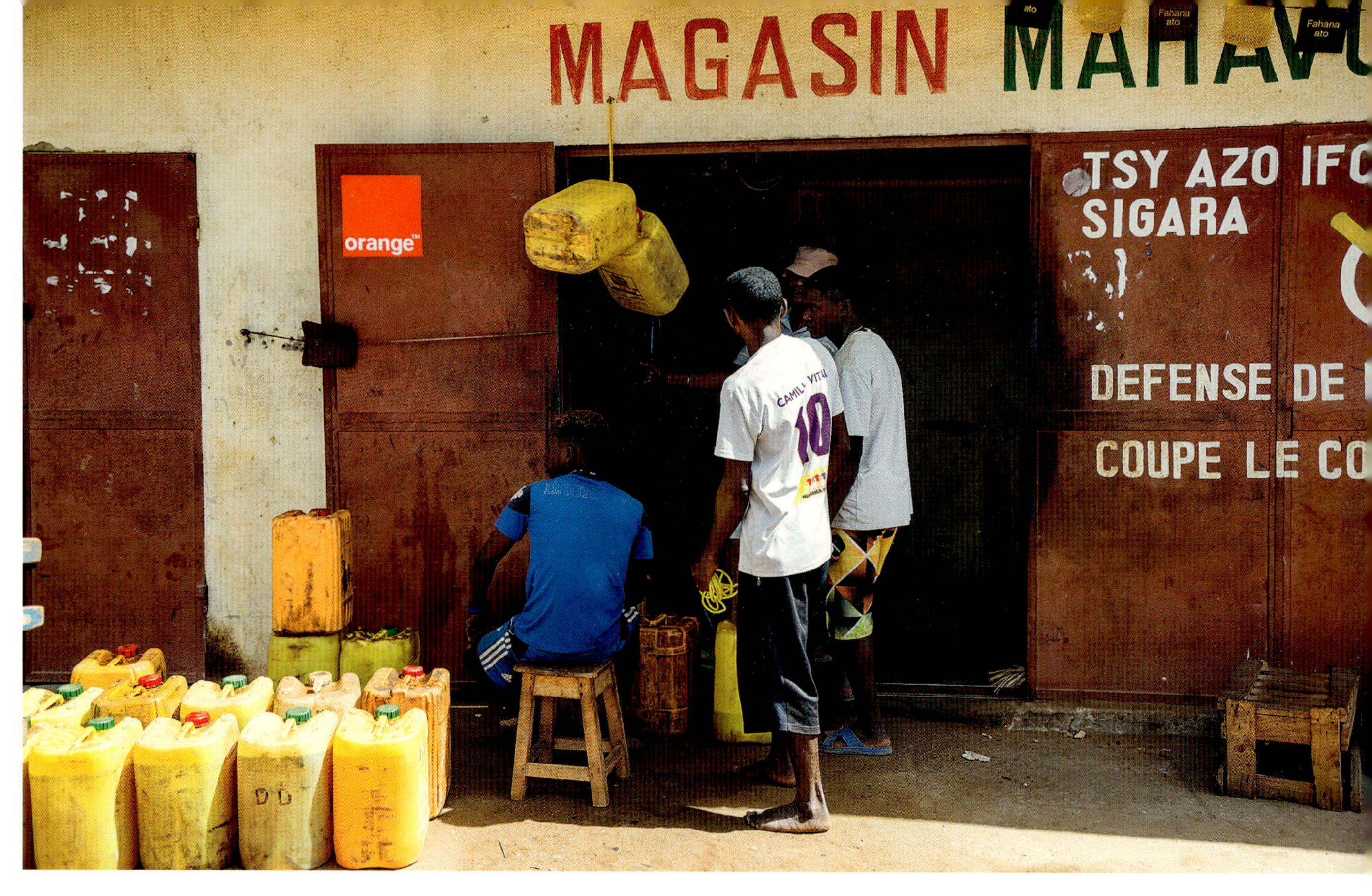

MAGASIN
orange
TSY AZO
SIGARA
DEFENSE DE
COUPE LE CO

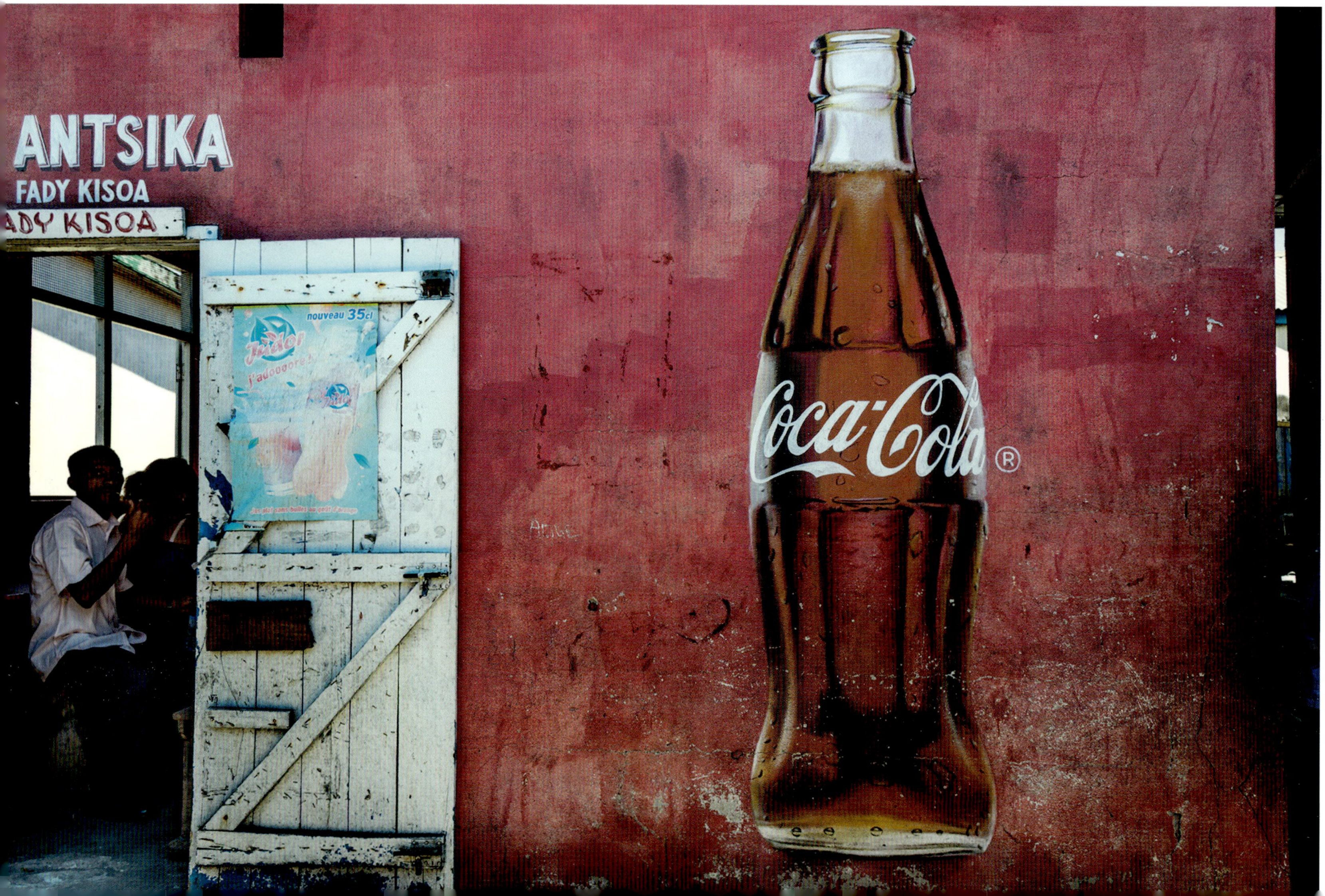
ANTSIKA
FADY KISOA
ADY KISOA
Coca-Cola

Tankstellen, Werkstätten und sogenannte „Hotely Gasy", kleine Garküchen, prägen die Dörfer und Städte. Mit sehr einfachen Mitteln wird noch aus jedem Teil etwas Sinnvolles gemacht. Auch Reparaturen sind hier alltäglich. Aus den Garküchen und Restaurants strömt der Duft von würzigen Gerichten und Kohlefeuer.

Vorherige Doppelseite:

Handarbeit ist in Madagaskar nach wie vor von großer Bedeutung. Die Herstellung des Grundstoffes für das Naturpapier der Papierfabrik von Ambalavao sowie das Schmieden von Werkzeugen erfordern viel Geschick. Die Herstellung von Rum ist eine große Tradition des Landes. In alten Fässern wird eine Maische angesetzt und dann in der Sonne vergoren und fermentiert, um anschließend den kostbaren Rum zu destillieren.

Mangels Brücken kommen in Madagaskar zum Überqueren der Flüsse häufig abenteuerliche Fähren zum Einsatz. Selbst große LKW werden mit handbetriebenen Fähren über den Manambolo übergesetzt. Die Fähren über den Tsiribihina-Fluss bleiben häufig in den seichten, versandeten Stellen stecken und werden dann von den Fährkapitänen mit Muskelkraft wieder ins Fahrwasser bugsiert.

Schon die Kleinsten finden Platz in der Schule und werden von unermüdlichen Lehrern betreut.

Schulprojekt Ranomafana

Unsere Reisen nach Madagaskar haben meine Frau und mich auch immer wieder in die leuchtenden Augen der Kinder blicken lassen, wenn wir in kleinen Dörfern auf den Fahrten über Land hin und wieder an einem Schulgebäude Halt gemacht haben, um einen Blick in die Dorfschulen zu werfen. Wir haben es uns zur Angewohnheit gemacht einige Schulutensilien aus Deutschland mit nach Madagaskar zu nehmen, um diese dann zur Unterstützung des Schulalltags eben in solch kleinen Schulen zu lassen. Natürlich ist das nur ein ganz kleiner Baustein auf dem Weg zu mehr Bildung für alle.
Mein Freund und Reiseagent in Madagaskar hat in Ranomafana selbst eine private Schule gegründet und unterhält diese. Wir haben es uns zur Aufgabe gemacht ihn dabei ein wenig zu unterstützen, um an einem konkreten Projekt teilzunehmen. Diese Schule wurde 1998 gegründet und hat 65 Kindern von der 1. bis 5. Klasse mit anfänglich einer Lehrerin einen Platz in der Schule ermöglicht. Bis heute können fast 220 Kinder mit 3 Lehrerinnen von diesem Schulprojekt profitieren. Vom Staat wird lediglich 1 Lehrer mit ca 50 Euro monatlich bezahlt. Das Schulprojekt von Ranomafana bezahlt 2 weitere private, gut ausgebildete Lehrer und unterstützt die Schüler mit Schulmaterialien nach besten Kräften. Die Einrichtung der Klassenzimmer mit Schulbänken und einer Tafel stellte die letzten Jahre große Anstrengungen dar, mit Hilfe von Spendengeldern, auch von Touristen, ist diese Aufgabe nun abgeschlossen. Der aktuelle Plan ist, die Schule an das

Für viel Spaß und Gelächter sorgten unsere Besuche in den kleinen Schulen Madagaskars. Die Kinder fragten uns oft Löcher in den Bauch oder präsentierten uns ein Lied. Auch wir mussten dann mal singen, owei…

Eine Chance für die Zukunft

Stromnetz anzuschließen, sodass die Lehrerinnen auch mit Computern den Lernerfolg in der Schule steigern können und die Kinder mit dem Einbau von Licht in den Klassenzimmern eine vernünftige Lernumgebung vorfinden und auch in den Wintermonaten besser arbeiten können.
Auch die öffentliche örtliche Schule von Ranomafana, ein Dorf mit 13 000 Einwohnern, wird von dem Projekt mit Schulmaterialien für einen besseren Lernerfolg der Kinder unterstützt. Mir ist es als Autor dieses Buches und MadagaskarReisender ein großes Anliegen auf diese Situation in Madagaskar ein wenig aufmerksam zu machen und damit vielleicht auch ein bisschen dazu beizutragen, diesem Schulprojekt noch ein paar Möglichkeiten zu geben, dass die Zukunft der Kinder Madagaskars mit der Teilnahme an Bildung eine bessere wird. Denn eines ist für uns reisende und naturliebende Europäer klar, nur eine Generation, der eine gute Bildung zugute gekommen ist, wird auch in einem größeren Umfang bereit sein die einzigartige Natur Madagaskars zu schützen und zu bewahren. Ranomafana verfügt noch über die letzten größeren Refugien des einzigartigen Primärwaldes auf Madagaskar – tragen wir ein kleines bisschen mit dazu bei, diesen Naturschatz zu erhalten. Mit jedem Euro, der diesem Schulprojekt zugute kommt, geht es zumindest keinen weiteren Schritt zurück. Liebe Leser, lassen Sie uns gemeinsam dieses Ziel erreichen – auch ich werde von jedem verkauften Buch einen Betrag an dieses privat geführte Schulprojekt spenden.

Informationen: www.schulprojekt-madagaskar.com

Der Baum der Reisenden, Ravenala, gilt als Wappenbaum Madagaskars.

Danksagung

Vor allem möchte ich den vielen Menschen, die mich und meine Frau auf Madagaskar auf unzähligen Exkursionen begleitet haben, meinen Dank aussprechen: Lawis Raherinaina, der sich für uns als Reiseveranstalter mit seiner Crew immer bewährt hat, den Fahrer-Guides Dani, Hubert, Uni, Yves und Majer sowie den vielen Natur-Guides, die uns sehr viel Schönes zeigten und Wissenswertes über die Insel berichteten. Auch meiner Frau Sibsi, die Madagaskar ebenfalls über alles liebt, möchte ich danken. Sie hat mich auf allen, teilweise recht entbehrungsreichen Exkursionen begleitet, geduldig ausgeharrt, bis ein Motiv endlich im Kasten war, und ganz nebenbei noch das Equipment geschleppt und wichtige Aufzeichnungen gemacht. Mein Dank gilt zudem Hermann Krämer, der mir beim Redigieren der Texte behilflich war.

Danke auch an Stefan Engelen, mit dem ich dieses Buch mit viel Freude gestaltet und realisiert habe. Und natürlich möchte ich mich auch beim Tecklenborg Verlag für das entgegengebrachte Vertrauen und die einmalige Chance zum eigenen Buch bedanken, ebenso wie bei allen an der Produktion beteiligten „stillen Helferlein" im Hintergrund.

Mehr Information über mich sowie über Reisen nach Madagaskar:
www.guenter-lenz.de | www.jacana.de

Impressum

Umwelthinweis:
Der Inhalt dieses Buches wurde auf Papier mit chlorfrei gebleichtem Zellstoff gedruckt. Das Einbandmaterial ist recyclebar.

Die Deutsche Bibliothek – CIP Einheitsaufnahme

Madagaskar – Insel der Lemuren
Günter Lenz

Foto Seite 116: Lawis Raherinaina

Steinfurt; Tecklenborg Verlag
ISBN: 978-3-944327-36-5
1. Auflage 2016

Gesamtherstellung: Druckhaus Tecklenborg, Steinfurt

ISBN: 978-3-944327-36-5